Geliehener Ort

Gedichte und Prosa

Andreas Diehl

Russische Nachdichtung
Sergej Gladkich, Dmitri Dragilev
und Oleg Akulov
Redaktion Viacheslav Kupriyanov

Edition Zeitsprung

«Мы делим с тобой мосты в ноябре или ищем на барахолках не затерявшиеся слова.» Андреас Диль открывает все новые и новые поэтические оттенки в привычных речевых смыслах. Его любовная лирика чаще всего вплетена в ткань перемен 89-ых годов в ГДР и из переживаний первого опыта немецкого единства она обращается снова к судьбам двух близких ему стран: России и Германии. В своих стихах он как бы предвосхищает возможные потери. Эти его стихи многократно публиковались в немецкой периодике. Андреас Диль более двух десятилетий принимает участие в работе поэтического семинара в Кепенике и в литературном кружке в Фридрихсхайне. Все его тексты печатаются в русском и немецком вариантах.

Андреас Диль родился в 1951 году в Айленбурге (Саксония), там же и вырос, затем жил в Лейпциге, учился в Москве, Потсдаме и Берлине. В последние года работал архивариусом. Живет в Берлине.

Андреас Диль пишет стихи многие годы. Он не спешит со словами, только когда они обретают мелодию, он записывает и переписывает. Это может длиться долго. «Время перемен оказалось продуктивным для творчества, не проходило и месяца, чтобы что-то меня не вдохновило взяться за перо», сказал живущий в Берлине архивариус. В его стихах отразились, хотя они, как кажется, говорят только о любви, переломы этого времени. Упрека в «герметичности» он стареется избегать. Для него значительны такие поэты как Рильке, Тракль и Эльза Ласкер-Шюлер. Позже, во время учебы в Москве его привлекли также Есенин и Ахматова. В пути, в поезде, читать или писать, это ему ближе всего: «Именно так я люблю путешествовать».

Из газеты «Юнге Вельт»

Заемное Место

Стихотворения и проза

Андреас Диль

Перевод с немецкого:
Сергей Гладких, Дмитрий Драгилёв,
Олег Акулов.
Под редакцией Вячеслава Куприянова

Едитион Цеитспрунг

Bibliografische Information durch die Deutsche Nationalbibliothek: Die
Deutsche Nationalbibliothek verzeichnet diese Publikation in der Deut-
schen Nationalbibliografie; detaillierte bibliografische
Daten sind im Internet über http://dnb.d-nb.de abrufbar.

Edition Zeitsprung
Berlin 2016
ISBN 9783842325678

Grafik auf der Vorderseite: Stefan Friedemann, Frühnebel über dem
Fluss, 2006
Штефан Фридеман, Утренний туман на реке

Grafik Seite 5: Lena Inosemzewa, Engel über der Stadt
Лена Иноземцева, Ангел над городом

Technische Bearbeitung: Marko Ferst

Herstellung und Verlag: BoD – Books on Demand, Norderstedt

Vorwort

Die in diesem Buch veröffentlichten Gedichte von Andreas Diehl muß man wie einen fortlaufenden Text lesen. Sie bilden ein in sich geschlossenes Poem, das gleichsam vom Leben selbst geschrieben wurde.

Wir haben es hier mit einem Buch zu tun, das von der Liebe handelt und vom Scheitern menschlicher Beziehungen. Es ist ein Buch, in dem die (Un-) Möglichkeit privates Glück zu erlangen beschrieben wird. Außerdem ist dieses Buch auch eine Art Sendschreiben eines Vertreters der alten Generation an die junge: »Ich behalt' von uns'ren Zeiten einen Teil und misch ihn unter künftige für mich und jene, die so jung in sie hineingeboren.« Der Dichter versucht, seine Erinnerungen an quälende Erlebnisse des Scheiterns (»Gedanken meiden ihren Weg...«) hinter Wörtern zu verbergen, was man ohne Weiteres als surrealistische Wahrnehmung der realen Geschichte beschreiben kann: »ich tausche dich in meinen Spiegel ...« Andreas Diehl schreibt über Vergangenes, das schon nicht mehr zu verändern ist, das er aber dennoch für sich über das dichterische Wort in die Gegenwart zurückholen kann. Er lebt in Deutschland, aber sein Herz irrt im Osten herum: irgendwo in Rußland. Gerade deshalb ist es auch so wichtig, diese auf Deutsch niedergeschriebenen Gedichte in russischer Übersetzung lesen zu können. In seinem Gedicht »Heimkehr aus Moskau« bemerkt der Autor hierzu: »russisches Wort/ich spreche mich traurig«. Den in diesem Buch veröffentlichten Gedichten ist die Hoffnung auf eine Überwindung des Schmerzes und der Trauer eigen. Bittere Erinnerungen an vergangene Lieben verwandeln sich in eine starke Liebe zum Leben - und das sogar dann, wenn sich das Leben als Täuschung erweist. Wurde von den Dichtern der Klassik »die uns erhöhende Täuschung« (A. Puschkin) gefordert, so stellt die Täuschung für den zeitgenössischen Dichter schon »eine geheimnisvolle Art von gegenseitiger Selbsttäuschung « dar ...

Man sollte dieses Buch langsam lesen.

Viacheslav Kupriyanov

Путь Памяти

Стихи Андреаса Диля, представленные в этой книге, надо понимать как непрерывный текст, как поэму, продиктованную судьбой. Эта книга о любви и о разрыве связей в благополучии человеческого существования. О возможности и невозможности личного счастья. И в то же время это послание от лица одного поколения к тем, кто обживает новые времена:

Храню лишь частичку из тех времен наших,
ее подмешав в предстоящие
для себя и для тех,
кто врожден в них был с младости юной.

Естественно, путь памяти, с ее незатухающими переживаниями, чреват провалами («Мысли сбиваются с пути ...»), тайнами, которые поэт прячет за словами, что можно воспринимать как движение сюрреалистического восприятия над волнами реальной истории: «я переношу тебя в своё зеркало ...» Автор пишет о прошлом, которого не изменить, и возвращает его для себя лично через поэтическое слово. Он живёт в Германии, но сердце его блуждает на востоке, где-то в России. Поэтому все эти слова, продуманные по-немецки, должны обязательно повториться уже в русском варианте. В стихотворении «Возвращение из Москвы» Андреас Диль замечает: «русское слово/ себя в печаль вговаривая». Но вся эта цепь стихотворений соединяется воедино надеждой на преображение печали, когда память о любви становится неискоренимой любовью к жизни, даже если эта жизнь оборачивается обманом. Если для классического времени востребован «нас возвышающий обман» (А. Пушкин), то для нашего современника он уже представляется «обоюдным тайным самообманом» ...
Надо медленно читать эту книгу.

Вячеслав Куприянов   *Переводы Сергея Гладких*

HERBSTREISE MIT SOHN

Oktober,
Wochentage, Wochenende.
Rest des Sommers.
Er und ich:
Urlaub bei den Alten –

Zurück.
Zugabteil.
Wir für uns.
Erinnerung

Er im Schlaf:
Hände, leise –
Traumbeginn.

Ich im Sinnen:
ihre Augen –
meine Augen –
seine Augen.
Regen an der Fensterscheibe
rinnt durch mein Gesicht.

ANFANG

entdeckt
erforscht von den Augen
ertastet in Worten
noch unberührt
die Blitze
der Angst
vor Verlust

ОСЕННЯЯ ПОЕЗДКА С СЫНОМ

Октябрь,
будни, выходные.
На исходе лето.
Он и я:
отпуск у стариков —

Обратный путь.
Купе.
Лишь мы вдвоем.
Воспоминание.

Он во сне:
руки спокойны —
начало сновиденья..

Я в раздумьях:
ее глаза —
мои глаза —
его глаза.
Дождь по стеклу окна
стекает мне на лицо.

НАЧАЛО

обнаружен
глазами изведан
словами ощупан
еще не задет
молнией
страха
утраты

ZÜGE

Schienen
Straßen
Spuren –
kleines Land
niemals vorher zog mich Sehnen
nach geordnetem Zigeunern
an die freien Fenster deiner Züge.

Wie strebt's zum Mai, Glücksmann – Großvater!
Ich sehe deine Welt.
dein gelber Stern und draußen ist das Lager.
Transport!

Noch eine, die allerletzte Fahrt.
Wie sind wir mutig abgesprungen vom umstachelten
Wagon
in den neuen Sommer
und unsere Kommenden ganz and'rer Art.

Streng hast du mich gekleidet in den Jahreszeiten.
wirklich gefürchtet hast du allzeit nie den Frost.
Zaghaft war dein hintergründ'ges Lächeln,
als ich damals unser'n Mut aus der ersten Zeitung las.
Die Angst vor Lagerhunden verlor sich spät,

da war ich schon erwachsen.
Jeder nahm mit sich ein Stück vom jungen Frieden.

Für mich allein behielt ich
meine Augenblicke an den Schranken.
Lange plant' ich einen Aufsprung.
Es war ein Zug der Zeit.
Vor allen Wegen lag ein Ziel.
Vom fernen Bahnhof kehrt' ich zu dir
mit der Nachricht noch zurück,
die du zuletzt erwartet, Urgroßvater – Glücksmann!

12

ПОЕЗДА

Рельсы
шпалы
тропы —
невелика страна
не влекла никогда меня прежде тоска
за оседлым цыганом
к открытым окнам твоих поездов.

Как рвется все к маю, дед Глюкскман!
Я вижу твой мир.
Желтая твоя звезда , и дальше этот лагерь.
По вагонам!

Еще один, самый последний отъезд.
Как лихо сиганули мы из вагона
увитого колючей проволокой
в иное лето
и наши потомки уже совсем иного рода .

Строго меня одевал ты по времени года.
Сам же поистине ничуть не страшился мороза.
Ты улыбался смущенно, что-то скрывая,
когда я о мужестве нашем впервые узнал из газет. .
Страх перед лагерными псами развеялся позже,

когда я уже повзрослел.
Каждый взял с собой толику наступившего мира.

Лишь для себя я сохранил
мгновения мои у заграждений,
долго я задумывал такой подъем.
Машиной времени был этот поезд.
Пред каждым путем — своя цель.
С платформы далекой вернулся к тебе я
с известьем, которого
ты наконец-то дождался, прадед Глюксман-счастливчик!

Ich behalt' von uns'ren Zeiten einen Teil
und misch ihn unter künftige
für mich und jene,
die so jung in sie hineingeboren.
Es wächst ein and'res, nicht erträumtes,
doch ein Fahren in mir;

Schienen
Straßen
Spuren –
kleines Land.
Niemals vorher zog mich Sehnen
nach geordnetem Zigeunern
an die freien Fenster deiner Züge.

Храню лишь частичку из тех времен наших,
ее подмешав в предстоящие
для себя и для тех,
кто врожден в них был с младости юной.
Другая растет во мне - как во сне,
но все ж ощутимо – поездка;

рельсы
развилки
следы –
невелика страна.
Никогда не влекла меня прежде тоска
по устоям цыганских кочевий
к открытым окнам твоих поездов.

TRÄUMEN

Mein Träumen ist ein Weiterfahren
all die Gedanken wie sie kommen
aus Wünschen fortgetragen
in die Schwebe
bis ich weiß
ein nächstes Ziel
ein Hoffen
unerfüllt
droht unmerklich
zu vergeh'n.

WARTEN

Warten auf den Sommer.
Wir Kinder bündeln lange Frühlingssonnenstrahlen
durch das Brennglas uns auf die noch helle Haut.

Warten, daß die Beeren reifen.
Nah versiegt der Fluß,
noch aber holen wir das Wasser sie zu gießen.

Warten, daß Gefühle wachsen.
Ich such den sieben mal verfehlten Weg des Weisen.
Der sagt mir: Dabei stör sie nicht.

МЕЧТАНЬЯ

Мечты мои – продление пути
все мысли, что приходят
уносятся из желаний
в свободное блуждание
пока я не увижу
ближащей цели
надежда
несбывшаяся
грозит незаметно
рассеяться

ОЖИДАНИЕ

Ждем созревания лета.
Мы, дети, наводим длинный луч весеннего солнца
линзой на нашу пока еще светлую кожу

Ждем созревания ягод.
Речка вблизи высыхает,
но хватает еще нам воды для полива

Ждем созревания чувств.
Путь я ищу к мудрецу, сбившись с него семикратно.
А мудрец говорит: Но не мешай созреванью..

SONNENKINDER

Von fester Hand
gelassen
gehen sie
die Wege
die sie anders
nicht wußten
der Zeit
verloren
eilen oder
harren sie.

So lauschen sie
dem Ernst und spielen
nach Regeln
die noch nicht erdacht
und bald schon
von uns fern

sie werden dir
begegnet sein

DER ANDERE

Der Breitschultrige, gestern,
mit dem Seemannsgang und dem Tiefenblick,
dieser große Junge,
der aus der Beatleszeit nie rauswuchs
und die Kinder des Nachbarn so mag,
für die er ein Idol ist –
er ist ein Anderer.

ДЕТИ СОЛНЦА

Отправлены
уверенной рукой
идут они
путями
которых бы ,
иначе
не нашли
из времени
исчезнув
спешат
или вдруг медлят.

и так они внимают
серьезному, и играют
по правилам
не выдуманным еще
и вскоре
они уже от нас вдали.

они однажды
встретятся тебе.

ДРУГОЙ

Широкоплечий, тот вчерашний,
с походкой моряка, с глубоким взглядом,
тот мальчик-переросток,
так и не выросший из битловых времен,
детей соседских любящий так сильно,
и он для них — кумир,
да, - он другой.

ICH BIN SCHÖN

ich bin jetzt schön
ich weiß es diesen Augenblick
ich trank zuvor den gleichen bitteren Kaffee
und lief dann meine weißen Schuhe leicht
ich war jetzt schön
und hatt' das niemals vorher so beseh'n?

was hätt' ich aus mir machen können
glücklos
in allen meinen Lieben

noch scheint es mir nicht wirklich
probiere ich das Spiel
ein Mädchen lächelt mir
ich trink' den Kaffee aus zur Neige
und spreche sie nicht an
ich bin jetzt schön
ich hab' das niemals vorher so beseh'n?

SÖHNE

Gedanken meiden ihren Weg
in meine Zeit gegeben
sind sie nicht einzuholen
die mein Geleit
ins Vergangene schreiben.

Я КРАСИВ

теперь я красив
я это понял мгновенно
я только что пил тот же горький кофе
и легко бежал потом в своих белых ботинках
и тогда я был тоже прекрасен
неужели я раньше этого не замечал?

во что бы я мог превратиться
несчастный
во всех моих влюбленностях

все это кажется мне нынче неправдой
я вступаю в игру
вот мне девушка улыбнулась
я до дна допиваю кофе
я не заговариваю с ней
и теперь я красив
неужели я раньше этого не замечал?

СЫНОВЬЯ

Мысли мои избегают их дороги
оставшись в своих временах
и мне за ними не угнаться,
за теми, кто заповедь мою
запишет в прошлое.

GEHEN

Sprache der Träume
verloren in den Straßen
des Tages
dich trägt Leben.
Geh.

1.MAI 88

dieser Mai
Tag im hohen Frühjahr
wir
verpfänden uns're Zeit
leben
Vorgefühl auf Sommer.

GEDICHTE

Worte im Spiel
gebunden ins
Maß lautgewebter Empfindung
Stoffe für dich.

УХОД

Речь сновидений
блуждает среди улиц
дневных
жизнь тебя несет.
Ступай.

1-е МАЯ 88-го

этот май
этот день в разгаре весны
мы
сдавая в залог наше время
живем
предчувствием лета.

СТИХИ

Слова играют
связанные мерой
звучащей ткани чувств
они так создают тебя

SO WEHRLOS

beraubt
einer leisen Freude
vergeben
will ich
wohin
mich wenden
Wege sie täuschen
und jedes Gesicht
ein verhüllter Verrat.

ERKANNT

als beschriebenen Raum
mir vertraute verlorene Bilder
leb' ich still
euch meine Irrtümer.

WIE VERTRAUEN

wieder üb' ich die Gesichter
das verlierende Suchen in Fremden
ich rüste mich mit Zweifeln
und lehn' mich zurück
in die alte sichere Welt.

ТАК БЕЗЗАЩИТЕН

лишен
и тихой радости
прощать
хотел бы
куда -то
устремиться
пути обманчивы
и каждое лицо
сокрытая измена..

УЗНАВАЕМ

как пространство письмен
с доверенными мне утраченными образами
переживаю тихо
вас мои заблуждения

КАК ДОВЕРЯТЬ

вновь примеряю лица
ищу в чуждых себя теряя
сомненьями вооружаюсь
откидываюсь назад
в надежный старый мир.

GEBOREN

unter einem Dach von ruhenden Worten
hülle ich mich in die Nähe deiner Gedanken und
verliere Wunden in deinen Bitten für meinen Weg.

WORTE

ich finde Worte
für dich
spreche ich Bilder
bewahre uns
was nicht geschieht
wie aber
ich dich rufe
von meiner Berührung
werden immer
die Klagen
der ungeteilten
Stille
hallen.

РОЖДЕННЫЙ

под крышей покоющихся слов
я облачаюсь в близость твоих мыслей и
лишаюсь ран в твоих напутственных мольбах

СЛОВА

я нахожу слова
для тебя
произношу образы
и берегу для нас
то что не случится
когда же
я тебя зову
от моего прикосновенья
исходят
всякий раз
мольбы.
неразделенной
тишины

VERGEBEN

verlassen
im Strudel tanzt der Leib
getäuscht meine Sinne weben
ein Gespinnst aus Hassen und Klagen
Zeiten tragen in Winkeln vergessen
Vergeben.

BLUMEN

bodenlos
fallen die Blüten;
zu Markte getragen
teuer
erkauft
die Zeichen der Liebe.

NAHAUFNAHME

Für M.

am Strand,
lang bringst du mir
deine Nacktheit und ich
überlasse mich dem Sommer,
spät finde ich unsere Bilder:
nah deinen Höfen spielen die Kinder.

Stefan Friedemann, Am Strand, 2013
Штефан Фридеман, На пляже (Или «На берегу»)

ПРОЩЕНЬЕ

покинутое
пляшет в вихре тело
обманутые ткут мои пять чувств
паучью сеть из ненависти и жалоб
где времена выносят из углов
забытое прощенье.

ЦВЕТЫ

не достигая почвы
опадают лепестки;
на рынок выброшенные
как дорого
заплачено
за знаки той любви .

КРУПНЫМ ПЛАНОМ

Для М.

на пляже
мне издавна приносишь
ты наготу свою и я,
отдавшись лету,
лишь с опозданьем снимки наши нахожу:
вблизи твоих дворов играют дети.

MARIAS TOD

meine Augen zeichnen Träume
aufmerksamer bricht
dein Lächeln

meine Träume zeichnen Augen
gebändigt neigt sich das Fest in
das stille Zimmer

HERBST 1989

wir richteten uns ein,
fürsorglich gehegt
unser Unmut,
geduldig
in der Geborgenheit
verfügter Illusionen.
Mit den Fortgegangenen
brachen Wortfelder
um.

HEIMKEHR AUS MOSKAU

russisches Wort
ich spreche mich traurig

zweimal gelebt
ich hab mich verloren.

СМЕРТЬ МАРИИ

в моих глазах рисунок снов
внимающих угасанью
твоей улыбки

в снах моих рисунок глаз
прикованных к прощанью
в комнате притихшей

ОСЕНЬ 1989

устроились мы вроде,
заботливо взлелеяна
досада наша,
терпеливо
под сенью
привычных иллюзий.
С траченными
распаханы поля
словес.

ВОЗВРАЩЕНИЕ ИЗ МОСКВЫ

русское слово
мне наговаривает грусть

дважды прожив
я потерял себя .

DEZEMBER 1989

Milder Regentag,
ins Deutsche fällt Geschichte ein.

Ein Land verliert die Vorweihnacht,
die Vorweihnacht verliert ein Land.

Mein halbes Leben ging ich mit euch.
Ewig der Ostseesommer.

die Angst, die Angst
Seit eurem Herbst
bin ich verwandelt, verwandelt.

ZUSPRUCH

Immer begannen die Väter jung
und Söhne lernten erlaubte Geschichte.

An unseren Straßen verblassen die Namen.

Ich finde meine Zeilen in der Fremde
nicht ohne die verdrängten Bilder.

ДЕКАБРЬ 1989

Дождливый мягкий день
История склоняется к немецкой.

Страна теряет ночь пред Рождеством,
ночь пред Рождеством страну теряет.

Моих полжизни с вами я прошел.
Извечно лето на Балтийском море.

И страх, и страх.
С той вашей осени
как изменился я, как изменился.

ОБОДРЕНИЕ

Всегда начинали отцы молодыми
а сыновья изучали дозволенную историю.

На улицах наших бледнеют названья.

Я нахожу свои строки на чужбине
не без отторгнутых памятью образов.

UNSER SCHWEIGEN

Wir reden, Sohn.
In deinen ungesagten Worten suche ich Nähe.

Du wächst in meinen Jungenbildern
und Jahre prob' ich das Vergessenwerden.

Ich frage nicht, ob ich dir fehle.

EINMAL FREI

Wie waren wir frei.
Und jetzt sollten wir uns wählen.
Ohnmächtiger war meine Stimme nie.

VERBOTE IM MAI

Ich teile meine Unruhe nicht.
In meinem heimlichen Leben ermüdet
die Phantasie.
Frauen kleiden sich in Glas.
Ich muß den Blick senken.

НАШЕ МОЛЧАНИЕ

Мы разговариваем, сын.
В несказанных тобой словах я близости ищу.

Растешь с моих ты фотографий мальчишки
и я годами все пытаюсь стать забытым.

Тебя не спрашиваю я, скучаешь ли по мне.

ВДРУГ СВОБОДНЫ

Как были мы свободны.
А нынче предстоит самим себя нам выбирать.
Беспомощней не был никогда мой голос.

ЗАПРЕТЫ В МАЕ

Я не делюсь своей тревогой.
И в тайной моей жизни устает
Моя фантазия.
Одеты женщины в прозрачность.
Пришлось потупить взор.

ICH KANN NICHT FLIEHEN

das Land
Ichkannnichtfliehen

über die Jahre
hören die Kinder
mein Erinnern

es trifft sie stärker als mich

setzt neue Grenzen hinter meine Wege
wenn ich flieh

UNMERKLICH

Im Jahr ohne Frost
überdauert der Herbst
finde ich abseits Alltag
erdrückte Stadt
ich treibe mit Freunden
binde ich mich
einmal in das Frühjahr
los.

МНЕ НЕ СБЕЖАТЬ

в эту страну
Ясбежатьнемогу

сквозь годы
слышат дети
мои воспоминания

они гнетут их сильней чем меня

поставьте мне новые границы
если посмею сбежать

НЕЗАМЕТНО

В год без морозов
выживает осень
я на отшибе будни нахожу
подавлен город
с друзьями я брожу
и вырваться
хочу в весну
однажды.

ICH BLICK IN EIN GESICHT

das redet meine Wünsche.
ich öffne Türen aus Worten.
Von allen Wänden und dem Laken nehm' ich die Bilder.
In dem Raum leben zwei.

SOMMERABSCHIED, BULGARIEN 1990

Wer kannte dich schwarz – Meer?
Ich bin ein Weißer unter deiner Sonne.

Schatten atmet das Meer.
Warum fürchte ich im Winter die Strände?

MEIN ZWEITER SOHN

du ziehst
von Vater zu Vater
frage mich
gehör nicht mir
verlier mich nie
ich schreibe
in unser Vergessen

manchmal
fehlt ein erster Sohn

СМОТРЮ В ТВОЕ ЛИЦО

оно мои желанья выдает
я отворяю дверь из слов.
Со стен и с полотна снимаю все картины.
Живут в пространстве этом двое.

ПРОЩАНЬЕ ЛЕТОМ. БОЛГАРИЯ 1990

Кто видел тебя черным – Море?
Я под твоим солнцем белый человек.

Тени выдыхает море.
Почему меня пугает зимний пляж?

МОЙ ВТОРОЙ СЫН

ты бродишь
от отца к отцу
спроси меня

принадлежи не мне
меня же не теряй
пишу я
в наше забытье

порою
первого тут не хватает сына

NACHZEIT

Als ich meine Kinderbraut küßte
kein Krieg schützte mehr die
Vergewaltiger
so wehrlos war ich
ängstlich
sehe ich
die ich aus meiner Schuld verbanne
ich lebe von abgeschlossener Stille
vor meiner Liebe her kriecht die Gewalt.

ALTE FRAU

in meinen Briefen suchst du
wann ich komme
ruhlos
es bleibt
Zeit
unbeschwert dein Beharren
auf allem, was gut war
alte Frau
und die scheue Katze
unter deinem Fenster abends.

ПОСЛЕВРЕМЕНЬЕ

Когда я в детстве целовал свою невесту
уже нельзя было никакой войной
насильников оправдывать
так беззащитен был я
так боязлив
я вижу ту, что из вины моей гоню
живу я в окруженьи тишины
опережая мою любовь ползет насилье.

СТАРАЯ ЖЕНЩИНА

ты ищешь в письмах моих
когда появлюсь я
без устали
время
есть еще
твое ничем не омраченное постоянство
во всем, что было хорошим
старая женщина
и пугливая кошка
под окном твоим вечерами

DAS LAND ZULETZT

Wo besuche ich dein Grab Mutter
meines Vaters
frühe Angst
wir
glauben und verlier'n
unter meinen Astern
Reif
bleicht deinen Stein
und ich erzähle
knöpf' mirs Futter in
den Mantel
Nichtaltern war Vergeh'n
Trauer
jüngt die Narben

Nach Liebe frag' ich
deutscher Bruder
wie fühlst du dich
allein
was überstehst du
wenn du findest
schweigst du anders
deine Nächte

Leere Fähren setzen über
Land
ich fasse
deine Nähe nicht

СТРАНА НАПОСЛЕДОК

Где отыщу твою могилу мать
отцовскую могилу
страх прежний
мы
переживаем и теряем
под астрами моими
от инея
твой камень побледнел
а я болтать
в пальто пристегивать
подстежку
раз не стареть так угасать
скорбь
омолаживает шрамы

Я вопрошаю о любви
немецкий брат
как чувствуешь себя ты
сам
что переносишь ты
когда находишь
молчишь ли ты иначе
по ночам

Порожние паромы переправят
страна
мне близости
твоей не охватить

MANCHMAL LIEB ICH DICH WIE MICH

manchmal lieb' ich aus dem vollen
verleugne mich den Anderen
ich erfahre dein Verlangen
und wie Liebe dich bescheidet.

WIE DU MICH ENTHÜLLST

ich kleide dich in offener Lust
und entweihe deine Nacktheit
ich tausche dich in meinen Spiegel
und lasse dich heimlich zu mir.

ES BLEIBT

meinem Mut dein Kraushaar
nicht das schmerzhafte Zagen aus Scham
es bleibt uns're Sorge in Jahren
nicht die eilige Trennung danach.

ПОРОЙ ТЕБЯ ЛЮБЛЮ Я КАК СЕБЯ

порой я люблю через край
отрицаю себя другого
узнаю твоё желание
И как любовь тебя делает скромной.

КАК ТЫ РАЗОБЛАЧАЕШЬ МЕНЯ

тебя наряжаю в явную страсть
твою наготу лишаю святости
меняюсь с тобой отражением
тебя к себе впускаю тайно

ОСТАЕТСЯ

твой завиток - мужеству моему
не боль и робость стыда
остается сквозь годы забота наша
а не спешка ухода после

WER BIN ICH OHNE SÜNDE

schwindende Götter
älter trag' ich meinen späten Bart
ich friere in euren Beschreibungen
und neben euch gehe ich her.

EIN(E) SICHT

Mein Trotz vergeht.
Das Lautere trag' ich ab den Gerechten.
Jetzt schweigen die trostlosen Orden mich an.
Wer soll die Kinder davor behüten,
mit ihnen zu spielen.

WALJA

Vermißte
nur in der Erinnerung kann ich aufhören
dich zu lieben
mir versagtes Russland, du,
hätte ich jemals so begehrt.

Lena Inosemzewa, Vorstadt
Лена Иноземцева, Пригород

КТО Я БЕЗ ГРЕХА

уходящие боги
старея я запоздало отпускаю свою бороду
я мерзну в ваших представлениях
я вместе с вами ухожу

ВЗГЛЯД

Мое упрямство в прошлом.
Я праведных уже не слышу.
Унылые монастыри мне ничего не скажут.
Кто должен уберечь детей
от этих игр с ними.

ВАЛЯ

Потерянная
только вспоминая, я могу забыть
любовь к тебе
мне отказавшая Россия, ты,
кого так страстно некогда желал

STUNDENWERT

Die Gelegenheiten weichen wieder
dem Tag
du
in der Zeitenfremde
unerwartet
sollst du bleiben
unsere Nähe nicht
bewohnt

INZEIT

in diesem brachen, stummen Land
finden mich die Ächter meiner Lust
ich komme die Nachhausewege nicht
und vorsorglich nehme ich die Blicke
von den Besiegten aus letzten Kinderlesetagen
sucht mich Ihr Liebsten auf diesem Weg
von hier zu hier

NACH DIR WERDE ICH NICHT ALTERN

trifft mich der Morgen ohne deine müde Haut
an soviel Bleiben binde ich diesen Abschied
ich kann ihn nicht teilen

ЦЕНА ВРЕМЕНИ

Возможности снова ускользают
из бега дня
ты
в чуждости времен
нежданно
должна остаться
наша близость
необитаема

ВРЕМЯСМЕШЕНИЕ

в этой невозделанной немой стране
найдут меня соглядатаи моих страстей
я не пойду по пути домой
и я заботливо вспомню взгляды
тех побежденных из детских книг
родные, ищите меня на этом пути,
отсюда сюда

ПОСЛЕ ТЕБЯ НЕ БУДУ СТАРЕТЬ

утро меня застанет без кожи твоей усталой
стольким остаться это прощание обставляю
я разделить его не могу

IN MEINE STILLE WUNDE

soll der Sand nicht weh'n
ich lebe weg von dir
im Fenster verliere ich die Kastanie
und über dem Fluß ihren Schatten

ABEND DER ZEITUNGSBOTEN

auf Bahnstationen der Not:
ich teile meine Groschen nicht
im Gegenlicht niedergelegter Träume
erwarte ich dich am vorgestrigen Kino
mit den Boten, den einst
begabtesten Statisten.

EINSAMER

deine ungesagten Worte schrecken mich
sprich nicht
ich friere von fremder Nähe
schließ die Tür vor meiner Hand
meine Fenster wirst du schutzlos finden
im letzten belagerten Haus

ЗАТЯНУВШУЮ РАНУ

уже песком не занесет
я от тебя вдали живу
в окне не вижу я каштана
и тень его теряю над рекой

ВЕЧЕР РАЗНОСЧИКОВ ГАЗЕТ

на станциях нужды
я не считаю мою мелочь
во встречном свете позабытых грез
я жду тебя у позавчерашнего кино
с разносчиком газет, когда-то
надежды подававшим статистом.

ОДИНОКИЙ

Твои невысказанные слова меня пугают
не произноси их
от близости чужой я замерзаю
затвори дверь от прикосновения моего
мои окна беззащитными ты найдешь
в последнем осажденном доме

ICH ÜBERLEBE IN

den stillen Worten
in mir bleibe ich
Anderen
vor Nacht
erwartest du mich
noch immer
und bist mir Tagende
an einem Anfang
ich werde lange nicht wissen wofür.

NIMM VON MEINEM SCHLAF AM MORGEN

Für M.

werd' ich lange wach sein ohne dich
den späten Tag nicht lieben.
Glauben zieht die Linien
meiner ungeles'nen Hand
zu deiner Stille möchte ich
den weiten Weg nicht nehmen.

Я ВЫЖИВУ В

в словах чуть слышных
в самом себе останусь
с другими
в начале ночи
все так же
меня ты ожидаешь
ты для меня рассвет
в начале
и долго не пойму за что

ВОЗЬМИ ОТ МОЕГО УТРЕННЕГО СНА

М.

глаз не сомкну я долго без тебя
сумерки не любя
вера тянет линии
нечитанной моей ладонью
дорогой дальней не хотел бы
в твое молчание податься

DU WIRST NUR

seine Nächte fortbleiben
noch kerbt der Abend Angst nach dir
den letzten Wein und
alle Sprache wird
nicht laut
vor unser'm späten Schlaf

HEIMGEKEHRTE

nimm mich in dein abendliches Bad
willst du dich von ihm entkleiden
deine bloße Haut
wird er gefunden haben
wie ich sie ihm ließ.

ICH BEZAHLE MEINE LIEBE IN DER STADT

die alten Stege werden gekauft
gelbe Falter zeige ich dir
in den Wiesen
fange ich dich nicht mehr

ЕГО НОЧАМИ ЛИШЬ

ты будешь далека
тревогой за тебя зарубки ставит вечер
последнее вино и
негромки будут
речи
пред нашим поздним сном

ВЕРНУВШАЯСЯ ДОМОЙ

впусти меня в свою вечернюю ванну
ты хочешь снять его оболочку
твою голую кожу
найдет он такой
какой я ее оставил ему

Я РАСПЛАЧИВАЮСЬ ЗА СВОЮ ЛЮБОВЬ В ГОРОДЕ

станут частными старые пристани
покажу тебе желтых бабочек
на лугах
больше тебя не поймаю

DANACH

möchte ich nicht mehr ohne ihn
neben dir sein
immer kleidet er dich
für mich aus
und du triffst mich überall an dir
in den Filmen meiner grellen Bahnhofsnächte
näher als nach ihm bist du mir nie

WENN DIE GESICHTER
IN DEN REGEN WECHSELN

und du mich aus getöntem Glas aufhebst
wenn leise Stimmen ich aus Briefen breche
und du mich von dem fremden Maler löst
trägst du abendliches Weiß
ins aufgeschlossene Zimmer
verlasse ich den Sänger auf dem leeren Platz.

ПОСЛЕ

без него не хотел бы я больше
рядом быть с тобой
он всегда тебя разоблачает
для меня
и ты встретишь меня повсюду в себе
в фильмах моих светлых ночей вокзальных
только после него ты бываешь настолько близка мне

КОГДА МЕНЯЮТСЯ ЛИЦА ПОД ДОЖДЕМ

и ты меня увидишь в затемненных стеклах
когда мой голос нарушит молчанье писем
и ты меня найдешь в чужом рисунке
внесешь ты вечерний белый свет
в распахнутую комнату
поэта я оставлю на площади пустой

IM KREIS

schließt du dem Abend die Tür
in deinen fallengelassenen Kleidern liegt der Tag
hier wiederhole ich dich leise

im Bahnhofscafé zahlt das Nachbarpärchen
und auf dem letzten Bahnsteig
nimmt ein fremder Mann
dem Mann der Frau den Blick

LACHE

bring mir deinen Verlust
ich übermale die Tage der Probe
für deine Spiele findest du mich im Meer
dessen Sommer dich verläßt mit meinen Freunden
ich lege ihn zu deinen Kleidern

ICH MÖCHTE OHNE ABSCHIED SEIN

dein Kind kann über meine Treppe kommen
ich binde nicht das Bett an deiner Seite

mein Sohn kann nicht zu meinen Worten finden
mich bringen sie zu dir

В КРУГЕ

закроешь за вечером двери
день лежит в твоих платьях, им дали возможность падать
здесь повторю я тихо тебя

в привокзальном кафе расплатится пара за столиком
по соседству
и на последнем перроне
чужой мужчина
собой заслонит супругу от взглядов мужа

УЛЫБАЙСЯ

принеси мне свою потерю
дни репетиции перекрашу
для игр своих найдешь меня в море
чье лето покинет тебя с моими друзьями
я положу его к твоим одеждам

Я НЕ ХОТЕЛ БЫ ПРОЩАТЬСЯ

ребенок твой найдет мои ступени
на ложе я твое не претендую

мой сын к словам моим не проберется
меня они ведут к тебе

IN DEINEN SCHRITTEN

höre ich mich unverletzt
ich bin so leise geworden
flüstere an meine Fenster

Tanze
im weißen kurzen Rock
den ich dir gab

IN MEINE STRASSE FÄLLT

noch immer
der Abend nach dir
begegne mir am Sanduhrstrand

in deinen Wintern blieb ich
überschrieb'ne Jahre
solange Ringe wechseln
ich und du

ich falte Blätter über spröde Haut
die Risse in dem Stundenschatten
der sich schmerzlos auf uns legt

В ТВОИХ ШАГАХ

я слышу себя вне обид
я стал удивительно тихим
в окна свои шепчу

Танцуй
в белой короткой юбке
что я тебе подарил

ПО УЛИЦЕ МОЕЙ ПЛЫВЕТ

все так же твоего
ухода день
в часах песочных пляжа встреться мне
остался в твоих зимах

переиначат годы
пока меняем кольца
я да ты

сгибаю листья над сухою кожей
разрывы часовою тенью
которая легко падет на нас

FÜR J.

Hebe deine Brüste mir an dein weißes Hemd
du junge Schwester meiner geschiedenen Frau'n
ich möchte oft noch
dich erfahren
aber immer bleibe ich scheu

ICH HABE MICH IMMER

im Osten gesucht Liebste
bleib
halte die bloßen Steine von mir

wolltest du mich verbergen
im Soldatengrün der nächtlichen Züge
dorthin
lasse ich dich aus meinem Gedächtnis
dem Kind in seltsamen Antworten

so wie ich immer
von den Söhnen komme
möchte ich dich wiederfinden

ДЛЯ Ю.

Под белым платьем грудь свою поправь
ты юная сестра моих избранниц прежних
тебя все еще порой
к тебе стремлюсь
но я все также осторожен

Я ВСЕГДА СЕБЯ

искал на востоке любимая
останься
огради меня от камней пустоши

хотела ты меня спрятать
в солдатском хаки ночных составов
туда
отпущу я тебя из своей памяти
ребенку в ответах странных

тем кем всегда я
от сынов иду
хотел бы тебя снова встретить

DAS AUFDICHWARTEN WIRD

mir vertraut bleiben
ich hatte zuletzt deine Worte
im voraus gesucht
und habe für mich doch
nicht mehr werben können

wie aber soll ich aus
deinem Schlaf zurückkehren
an manchem Tag werde ich dich
nie gekannt haben
hörst du meine traurige Zeit kam
nicht mit dir

DEIN ERSTES GEHEIMNIS TRÄGST DU

Für Jens

zu mir wieder
zwischen jungen Straßenbäumen in einem April
sommerüberrascht
ich gehorche
deinem staubenden Lärm und
niemand ebnet Zeichen
aus unseren Wänden und Worten
die warten

ТЕБЯ ОЖИДАТЬ ВСЕГДА

будет моей привычкой
слова твои в прошлый раз
я загодя стал искать
и все-таки в сватовстве
уже преуспеть не мог

но как же мне теперь
из сна твоего возвратиться
в иные дни окажусь
тебя никогда не знавшим
поверь печальное время мое
пришло
не с тобой

ТВОЙ ПЕРВЫЙ СЕКРЕТ НЕСЕШЬ МНЕ

Йенсу

опять ты
меж юных деревьев улицы в
неком апреле
солнцем застигнут врасплох
я повинуюсь
пылящим твоим шумам и
никто знаки не сгладит
из стен наших и слов
которые ждут

FANG MEINE PHANTASIE

an den Rändern deiner Geschichte
von dir unbemerkt
möchte ich sein neben dir
was läßt du mich sehen
bis du mich entdeckst

DU HAST MICH MIT MEINEM MAL

angenommen
verzeih
wir sollten uns die Brücken in den November
teilen
dahinter höre ich noch weit
Rufen
geh hinein
so bloß
soll keiner dich haben

ПОЙМАЙ ФАНТАЗИЮ МОЮ

на краю истории твоей
незаметно для тебя
хочу с тобой быть рядом
но что мне дашь увидеть
пока ты не заметишь меня

С МОЕЙ ОТМЕТИНОЙ МЕНЯ ТЫ

приняла
прости
должны были с тобой мосты делить
в ноябрь
за ними далеко мне слышится еще
зов
спрячься
ибо такой
нагой никто владеть не должен

BALD GEHE ICH ALLEIN
ZUR SIEDLUNG, MUTTER

aus unseren scheuen Händen legst du die Jahre
zu dir und ohne Kuß bis an den Bogen
führst du mich lange noch den Weg hinunter
Warum Liebste war am Morgen zwischen uns das Tor
so hoch und du kamst von ihm
Ich möchte reich sein diesmal
in der Siedlung aber
gebe ich wieder etwas früh Vergangenes
mit dir fort

NOVEMBER

Liebste
wenn wir uns treffen
manchmal bemerkst du mich nicht
im dritten Laub
du kommst spät
ich sollte dich nicht loslassen
am Rand der Rückfahrten
aber ich bin vor dir gegangen
wie die Monate von den Zweigen.

Я СКОРО САМ ПОЙДУ В ПОСЕЛОК, МАМА

из наших робких рук в себя вбираешь годы
без поцелуя ты до поворота
дороги меня долго провожаешь
Зачем любимая ворота между нами утром были
так высоки и ты шла от них
Тогда богатым быть и щедрым мне хотелось
но там в поселке
я вновь теряю то прошедшее так рано
с тобою вместе

НОЯБРЬ

Любимая
при наших встречах
как часто ты меня не замечаешь
на третий листопад
приходишь слишком поздно
тебя не надо было отпускать
вблизи дорог обратных
но я тебя опережал в уходе
как месяцы от ветвей

BITTE

An U.

Könntet ihr euren Körpern wieder
Wärme geben
unter alten Monden
noch einmal fliehen
wie Seelen
nein
und nie wolltest du
tauschen
ins Obdachlose
zerbrach dein fremder Schrei
vielleicht
im ersten Frost
und so verwundert warst du
immer
hinterm Trödelmarkt der
unverlorenen Sprache

DEZEMBER (IM GEDENKEN AN ULLA)

meine Worte fielen auf dich herab
wie Steine über gefrorenem Schnee
du hast mich nicht gehen lassen
ascheweiß im achten Jahr
wir betteln und
niemand glaubt uns

Stefan Friedemann: Sophien-Friedhof, Berlin-Mitte, im Winter, 2009
Штефан Фридеман, Кладбище «Софиен-Фридхоф» в Берлине зимой 2009 года

ПРОСЬБА

к У.

Смогли бы вы своим телам
тепло вернуть
в последней лунной фазе
спасаться бегством
будто души
нет
желанья не было
сменить
в бездомность
твой раскрошился чуждый крик
возможно
на морозе первом
и был так удивлен
всегда ты
на барахолочных задворках
несгинувшего языка

ДЕКАБРЬ (ПАМЯТИ УЛЛЫ)

слова мои падали на тебя
как камни на промерзший снег
и ты не позволяла мне уйти
как пепел поседев на год восьмой
мы просим милости но нам
никто не верит

M.

So lange habe ich
genommen von deiner Unruhe
zahm und gefangener nie
hast du
vor mir geweint

ich hätte etwas
gegen dich tun müssen
als ich mich verlassen wollte

Unstet noch
ist es das Jahr und
wieder jetzt
nicht du
wie einmal schon ich
am Morgen und ohne
dein Kind

FÜR W.

Ich würde uns
lange
wollen
aneinander
schuldig
deines
Übrigseins

М.

Как долго я умел
кормиться твоей тревогой
кроткая ты ни разу
не плакала предо мной

мне нужно было
справиться с тобой
когда мне от себя сбежать хотелось

разброд еще
этот ли год
теперь опять
не ты
как я уже однажды
утром и без
твоего дитя

В.

как бы я нас
долго
хотел
друг перед другом
виновых
в твоем
неучастии

ICH WEIß KEINEN ANDEREN – ABSCHIED

Für A.

Manchmal werde ich
stehenbleiben an Uhren
du hast es lange sagen wollen
aber
ich erinnere mich an
keine Sprache mehr
die deiner ähnlich war
brach lag das Geheimnis
die Leere
Worte hindurch
verborgen wieder
aufgebrochen in uns

ich kann mich verwandeln
aus dem Abend
nicht fort
mein Fragen
wie weiß
geblieben und
wie wir schwiegen
voreinander
allein
andernorts.

Я НЕ ЗНАЮ ДРУГОГО ... ПРОЩАНИЯ

А.

Порою я стоять
останусь на часах
давно сказать хотел ты
но
больше уж не вспомню
метафор
твоих подобным
заброшенная тайна
пустошь
сквозит в словах
сокрытых снова

отчалив в нас самих
смогу я измениться
из вечера
не прочь
осталось вопрошанье
как пробел
и как молчали мы
друг другу
одни
в иных местах

FRÜHHERBST UNS

jetzt stimm dich ein
verhalt nicht deinen Gang
zähl nach
verflochtnes Rauschen
nicht standlos
wieder Natur
erwarte sie
vom Reifsten deiner Brüder

DEIN GARTENGELBER SOMMER WAR

des einzelnen Band
das Jahr
mir möchte die Stimme
brechen

Wechselwind du
war genommen dir
trage ab meines Anderen Ich
solang' noch immer
du dich legst
zu meinem Schweigen

РАННЯЯ ОСЕНЬ НАМ

теперь настройся
шаг не замедляй
считай
шум расплетенный
не препятствуй
природе
жди ее
подарком от двенадцатого брата

И БЫЛО ЛЕТО ЗОЛОТЫХ САДОВ КАК

узы бобыля
тот год
мой голос мне грозит
сорваться

Ты странствующий вихрь
отнят у тебя
сорву же альтер эго
покуда ты еще
ложишься
к молчанью моему

GRÜN

fällt ein
und
wieder
bettest du
deinen Wunsch
gegen die
Zeit

Ausgewiesen ins
heute
noch
falte ich
Worte und
widme sie
überkommenem du

ANDERS

sind Namen
geworden und
wir
wann
will ich wieder
dir lauschen
wie ins letzte
Gespräch

ЗЕЛЕНЬ

вторгается
и
вновь
убаюкиваешь
свое желание
времени
вопреки

Высланный в
нынче
еще
я складываю
слова и
посвящаю
все захлестнувшему ты

НО

имена
изменились
и
мы
когда же я снова
слушать тебя захочу
словно будет последним
наш разговор

DER WEG

schmal
meinem Tag entlang
lagert Schatten
und
bleibt
Schwüle wieder
zwölf mal
über deinem Jahr

FREMDE JAHRE

Für Jenny

ich gehe zu dir
nicht aus
ohne Scheu
wie damals
in zwei Sommern
ich irre und im
Fortgehen nur
dir bleibe ich

ПУТЬ

узок
вдоль по моему
дню
таится тень
и
в дюжине повторов
виснет
над твоим годом
духота

ЧУЖИЕ ГОДЫ

Дженни

я расстаюсь с тобой
не без
сомнений
как тогда
в те два лета
я заблудился и
лишь уходя
с тобою остаюсь

FÜR BORJANA

Mit dir wird
Sprache
heimlich
Worte brechen
wie uns're Stimmen
an die Weite sich
verlier'n.

ZU HAUSE DU

In mir könnt Heimat sein
von dir ein Teil
und dir
wer
dich noch dich nicht
für sich hat
er
findet nirgends
nennt vergebens
seine

ДЛЯ БОРЯНЫ

с тобою будет
речь
тайком
ломать слова
как будто наши голоса
теряются
поглощенные расстояньем

ДОМА ТЫ

Во мне могла быть родина
как часть тебя
и для тебя
и кто
тебя в себе или в тебе
не может обрести
тот
нигде не обрететт
и тщетно будет называть
своей

MARIA, LIEBSTE DU

hast Angst ich könnte mich
zurücknehmen doch
will ich es nie
niemals wieder
lieb´ ich dich mehr
bodenloser
erfahre ich Gleiches von Dir
so viel weißt Du
über mich und
mein anderes Ich
dem ich manchmal
lausche schon früh
wie du verletzt
wirst Du lange dann
alle gemeinsame Zeit kann es werden
Dir benutzt vorkommen
nicht davon ob ich mich trenne
von meinen späten Beziehungen
noch einmal löse
ich Dir Lautes schreibe
seltener für Dich atme
und wir beide voreinander
längst Schweigen
über Anne
wie immer mehr
sie uns begleitet
in den Versuch unserer Welt
spelzige Hoffnung
vielleicht Maria
nimmst Du
was mich quält
mit dir fort
für immer
wir zwei
mit eben verheilten Händen
verbrennen uns noch einmal
an der Erinnerung

МАРИЯ, МИЛАЯ, ТЕБЯ

пугает, что отречься мог бы
но нет отнюдь
впредь не хочу
и больше никогда
люблю тебя сильнее
бездоннее
взаимность познаю
сколь много же ты знаешь
и обо мне и
двойнике моем
к которому порою
прислушиваюсь рано
как ты обижена
и будешь еще долго
быть может каждый час наш
общий
казаться себе жертвой
не потому что я порву
поздние связи
снова отрину
пишу тебе громко
реже дышу за тебя
но мы оба давно
молчим друг другу
об Анне
о том как все больше она
следует рядом
в попытке нашего мира
шелуха упования
Мария быть может
ты заберешь
мое мученье
с собой в дорогу
навеки
вдвоем мы
едва зажившие руки

FÜR S.

Den du schon einmal
verlassen hast
du
wirst ihn nicht erfahren und
ich
konnte schreien so nah
wieder
sollst du zu früh
verletzt werden
dafür
musstest du geboren sein in
dem Jahr als ich
die längste Zeit
verwirrt war
noch
könntest du zuerst
die Fäden verbrennen wenn
der Reigen dich aufnimmt
jetzt doch und
du
hörst nicht mehr auf
mich und soll
ich
nach einer Sprache
seit dir
nicht nochmals
warten

снова сожжем
воспоминаний
коснувшись

C.

Брошенного хоть однажды
ты
не познаешь и
я
мог бы кричать вблизи
снова
ты слишком рано
раной себя ощутишь
родиться бы тебе
в год
когда я
дольше всего
был невменяем
еще
могла бы ты первой из нас
сжечь эти ленты если
закружил тебя хоровод
теперь же
ты
не слушаешься меня
не нужно ль
после глагола
найденного с тобой
еще раз
ждать мне

MARIA IN M.

Seit ich so vielmal M. in mir weiß
M. –
ist einzig und
doch ist in allem
M. und nichts ist ohne
Maria
war schon erfroren
jed' Letzten
das Kind
ihr
kaure ich
näher
dein Leib
nicht genug und
die Stunde
du
hattest verloren
wie Schreiben die Male
noch beiden danach
wenn du mir bleibst
in alle meine Spiegel
weggegangen
nie
mehr
seltner jemals
immer dir

Lena Inosemzewa, Verloren
Лена Иноземцева, Потерянные

МАРИЯ В М.

С тех пор, как нахожу в себе так много М.
М.–
единствнна и
все же всюду
М. и ничего кроме
Марии
я уже замерз
как самый последний
ребенок
твой
пытаюсь притаиться
поближе
к твоему теплу
и мне все мало и
время
ты
потеряла
как письмо свой почерк
но все-таки мы вместе
если ты остаешься
во всех моих зеркалах
и больше не исчезнешь
никогда
как некогда
и только будешь чаще
всегда со мной

WEGWAAGE VON SABINE

Was es auch ist
es
wird immer von mir
schwer und
herauf kein Maß
wiegt
dein sein
vielleicht
hast du
Geduld

An Esther

Es wäre
dann
die eine
Liebe
Ahnung
den langen Weg
noch
dein sein
am Ende
einer Liebe

ПУТЕВЫЕ ВЕСЫ САБИНЫ

Чем бы они
ни были
всегда на них я буду
перевешивать
нет такого разновеска
чтобы меня поднять
сделать меня твоим
но может быть
твое терпенье
перевесит

К Эстер

Тогда бы
это было
такой еще
любви
сознанием
долгим путем
еще
побыть твоим
в конце
такой любви

für W.

Hab ich mich Freundin
solchen Tags
noch gestern
versagt
allem
wo Nähe
so endliche
uns trennt
zuletzt
und doch
wieder
ein geliehener Ort
wie steinern
mich bindet

MÄRZ. BERLIN 2007

Graues einer Welt
Stadt
in meinem Zuhause
deinen Händen
entfalten
mich
wie die Ringe
uns
und das Jahr
den alternden Baum
flüchten
den Wind

B.

Подруга, если я
в такой-то день
еще вчера
не оправдал надежды
на все
где близость
столь желанная
нас разделяет
в последний раз
и все же
снова
заемное место
меня к себе
как камень
привязывает

БЕРЛИН. МАРТ 2007

Серость мира
город
в доме родном
рукам твоим
распахнуть
меня
как кольца
нас
и тот год
чтобы старому дереву
избежать
ветра

DIE TAGE dorthin
fangen
wohin ihr Altern
mit mir
geht

die Jahre fort
gegangen
im Verweilen nah
wo seither
deine Brücke
atemlos
verweht

MAI 1945

Der letzte
lange Sieg

Jahre wie
Hunderte
wie
Male dem Weg
nun haltlos
Wogen
schlagen
über dich
unfassbar noch
hausen wir
so
nach dem
Sieg

ДНИ ЛОВИТЬ

там
где они старятся
рядом со мной

годы ушли
прочь
замирая там
где с тех пор
твой мост
исчезает
в твоем дыхании

МАЙ 1945 ГОДА

Последняя
долгая победа

годы словно
столетия
словно
меты пути
неудержимо теперь
волны
бьются
в твои берега
непостижимо еще
как держимся мы
после этой
победы

IM GESTERN

Lass mich dich
Auffangen
Im Vergessen
Uns suchen
In dem
Was war
Zwischen Morgen-
Und Abendkälte
Heimat

ВО ВЧЕРАШНЕМ

дай мне тебя
найти
в забытьи
искать нас
в том
что было
между прохладой утра
и холодом вечера
Родина

PROSA

FÜR IRENE

Zwanzig und immer wieder noch zwanzig Jahre

Chto takoe, ja na Zapade. Ja tam, no eto ne to mesto, gde ja rodilsjya, a na Vostoke, tak eto togda nasyvalos.(1) Ich bin im Osten geboren. Im deutschen Osten. Zeit verändert, Wurzeln, einmal Halt, haften, wollen bleiben. So wie ich immer von den Söhnen komme, möchte ich dich wiederfinden, Walja maja,(2) östlicher – du solltest mich verbergen im Soldatengrün der nächtlichen Züge, – dorthin lasse ich dich aus meinem Gedächtnis dem Kind in seltsamen Antworten. Ich habe mich immer im Osten gesucht und die Mütter, rasseijannych po stolizam, a ja iskal ich po bolnizam. Takoj byl dozhd.(3) Regen an den Fensterscheiben rinnt durch mein gesicht, w rodnom gorode, w berline ja, i neoshidanno – pochuwstwowal s moim umom slutschitsya wsjo moschet.

Ja by dolschen byl sojiti s uma dawno. Vom Streß, anglichane mne govoryat.(4) Warum habe ich geliebt und soviel Trauer zugelassen. Ich habe mich ganz spät erst gefragt, hast du von mir wirklich gewollt, was du lange geschehen ließest mit dir, unser nächtliches Versagen, das mit Großmutter Maria's Schritten, bis nach Mitternacht klappende Türen, Küche-Korridor-jetzt endlich Maria's Zimmer, dann wieder her und immer wieder hin, wie dein Atem stockend, dich schlug. Großmutter werujuschtcheji byla, no potschemu to, otchen podosritelhnoj(5), sie wollte mich für dich nicht freigeben. Frauen in unserer Nähe vertrug sie nicht oder nur schwer. Aber dafür mußte ich mich nicht von ihr lösen. Die ganze Gewalt der Frau habe ich erst bei dir angenommen. Du hast ihr nicht entsprochen, aber nach dir hat noch viele Jahre danach selbst der Tod, Maria's Tod, mir Großmutter und Mutter nicht nehmen können: »Träume weilen über/meinen Augen/aufmerksamer bricht/ dein Lächeln aus/ unseren Augen/das Fest/gebändigt es/ neigt sich/und bleibt« Das Unglück, dich nicht vergessen zu können, war damals noch stärker. Ich wollte, Großmutter könnte dir verzeihen, so wie ich, schneller jetzt, ich beginne auch

Flucht vor mir anzunehmen. Du erinnerst mich an etwas und ich finde es wieder über dich und wieder Gleiches. Mutter, ich fange an, den Frost nicht mehr zu behalten durch das auch an diesem Januarmorgen weit geöffnete Fenster, auf dem Wickeltisch nackend vor dir, zum Windeln lag ich, sagt Maria, du konntest es nicht zu Ende bringen. Ich war dir entrückt, und immer seither, auf dem gerade erst dir vertrauten Weg vom Traurigsein zum darüber Vergessen. Blaugefroren. Und du, Mutter, als Großmutter mich dir sanft entzieht. Du wolltest es mir erklären, manchmal, es kam mir nicht in den Sinn und ich hätte damals auch nicht gefragt, warum also muß ich schreiben, damit dir jetzt wieder drohen, wann hat es begonnen. Der Spalt durch Euch und der durch dich selbst, zwischen uns, wann. Du hast ihn mit dir so schwer getragen, in dir hast du ihn nur empfinden, niemals je begreifen wollen. Ich war sechs und dein König von Ungarn. Und ich wurde 24, ich sollte das erste Mal der von dir immer auch Anderen nun nah ebenso verwandt sein, mir Schwester vielleicht zu spät, der dir nicht in der Zeit geborenen. Mitten aus deinen Gedanken, Auserwählte seitdem, fortan immer gleichsam neben mir, hinabgetragen, weiter aber, hattest du dich noch einmal in dich selbst begeben. In dir war noch kein Halt für Glück. Du hast dich so ganz anders finden müssen, dann, wenn du auch bliebst danach noch du, du wurdest glücklich erst nach ihr, von nun an immer, niemand jemals hat dich fester gehalten. Ich weiß, wie es immer öfter bei der Andern dir gefiel und bald ließen wir dich meist allein, sie traf dich ja, davor noch hatten wir dich manchmal suchen müssen, anfangs, bis wir dann wußten, wo du am liebsten mit ihr allein nur würdest sprechen wollen. Musik war gut, am schönsten aber muß eure Zeit, muß es für euch von Stund an vorbei an allen Spiegeln im Haus gewesen sein, du konntest ihr dort immer so sonderbar zulachen, fast abwesend dann, bis du sie ganz fest gekannt hattest, und später bald ohne Mühe, du solltest sie überall erkennen. Wenn ich mich daran erinnere, mehr und mehr, das immer Unfaßbare aus deiner Nähe, ja es schwindet. Zeit hätte bleiben sollen, uns aneinander für lange zu gewöhnen – Nun will auch ich, so, wie zuvor du selbst, vertauscht mit dir, zugleich die Andere tagewährend bleiben konntest, will an solchem Anfang ich von ihr zu dir, Mutter, erst genommen worden sein. Ich habe begonnen, Regen

zu suchen, und sie, und ein anderes Mal, als ich von ihr schon
kam, hab ich plötzlich meiner ersten Schwester, deinem Kinder-
wunsch, mich Bruder, den Zwilling, nicht länger vermißt. So aber
bin ich wirklich in deinem Gespaltensein geboren, am Ende wie
du damals erst für sie, Irene, was jetzt sollte deutlicher noch sein
für mein Irren so spät scheinbar wieder zu dir. Du gingst noch in
dem Jahr und ich habe etwas mitgenommen davon, was du immer
für uns empfunden haben mußtest seit ihr. Du konntest damals
bei uns nicht mehr und anders kaum wo noch einmal wieder zu
Hause sein. Und sie.

(1) Was heißt, ich bin im Westen. Ich bin. Aber nicht dort, wo
dann, bin ich geboren, im Osten, hieß es damals.
(2) Walja, Liebste.
(3) in die Hauptstädte verstreut, ich aber, habe sie gesucht in
allen Krankenhäusern. Was für ein Regen das war, damals.
(4) in der heimatlichen Stadt, in Berlin, und ich begreife, daß
alles mögliche mit meinem Verstand geschehen kann
ich hätte schon lange verrückt werden müssen, vom Streß,
sagen die Engländer.
(5) Gläubige, aber im Grunde Zweifelnde

ИРЕНЕ

Двадцать и
снова и снова
ещё двадцать лет

Что такое? Я на Западе. Я там, но это не то место, где я родился, на Востоке, как это тогда называлось. Я родился на Востоке. На немецком Востоке. Меняется время, корни, но однажды останавливаемся, цепляемся памятью, хотим остаться. Тем, кем всегда я от сынов иду, хотел бы тебя снова встретить, Валя моя, восточнее — ты должна б меня спрятать в солдатском хаки ночных составов, — туда отпущу я тебя из своей памяти к ребенку в ответах странных. Я всегда искал на Востоке и себя и матерей — рассеянных по столицам, а я искал их по больницам. Такой был дождь. Дождь на оконном стекле струится мне по лицу, я в родном городе, в Берлине, и неожиданно — почувствовал, что с моим умом может случиться всё что угодно.

Я давно должен был сойти с ума. От стресса, как говорят англичане. Почему я любил и допустил столько горя? Я слишком поздно спросил себя, вправду ли ты хотела от меня того, чему позволила произойти; наши ночные неудачи, эти шаги бабушки Марии к поскрипывающим после полуночи дверям через кухню, коридор и наконец в свою комнату, потом опять туда и снова обратно; твоё дыхание замирало, ты вздрагивала. Бабушка была верующей, но почему-то очень подозрительной, она не хотела отдавать меня тебе. Женщин поблизости, в нашем окружении она не переносила или терпела с большим трудом. И поэтому мне не легко было оторваться от неё. Всю полноту женской силы я почувствовал лишь с тобой. Ты не отвечала бабушкиным требованиям, но после тебя ещё много лет спустя даже сама смерть, смерть Марии, так и не смогла отнять у меня бабушку и мать: «Сны зависают/ над моими глазами/ заботливый излом/ твоей улыбки/ сбегает/ из наших глаз/ склонился/ праздник укрощённый/ и пребывает.» Беда — не мочь тебя забыть — была тогда ещё сильнее. Мне хотелось, чтобы бабушка смогла тебя простить, как и я, теперь быстрее, ведь я и сам тоже начинаю оправдывать твоё бегство от меня. Ты чем-то напоминаешь меня, и это что-то от тебя я нахожу в себе, что-то похожее. Мама, я начинаю замерзать у распахнутого и в это январское утро окна, я лежу перед тобой голый на пеленальном столике; ты должна была меня запеленать, говорит Мария, но никак не могла закончить. Я отдалялся от тебя, и с тех пор постоянно, по этой так хорошо тебе знакомой дороге — от печали к полному забвению. Я до посинения замёрз. И ты тоже, мама, в момент, когда бабушка мягко отняла меня от тебя. Порою ты желала мне это объяснить, но мне было невдомёк и вопросов тогда не возникало ... почему же я должен писать, тем самым теперь опять неся тебе угрозу, о том, когда это началось. Трещина между вами, трещина в тебе самой, трещина между нами — когда? Ты так тяжело переживала её, ты чувствовала её в себе, но никогда не хотела постичь. Мне было шесть и я был твоим «венгерским королём». Мне стало 24, я впервые должен был породниться с той другой, отличной от тебя, моей запоздалой, быть может, сестрой, не рождённой тобой в положенный срок. И из глубин своих мыслей, с той поры избранная, впредь всегда рядом со мной пребывающая, хотя и унесённая далеко, — ты снова погрузилась сама в себя. В тебе не было пока места для счастья. Ты должна была ощущать себя совершенно иначе, даже тогда, когда после всего осталась самой собой; впервые счастливой — теперь уже навсегда — ты стала только после неё, никто и никогда не удерживал тебя крепче. Я знаю, как всё чаще тебе нравилось у той другой, и вскоре мы оставляли тебя по большей части одну, она ведь встречала тебя; поначалу нам ещё иногда приходилось искать тебя, пока мы наконец не узнали, где охотнее всего ты хотела бы общаться с ней наедине. Музыка была хороша, но прекраснее всего должно было быть ваше время, с той поры, когда, обходя все зеркала в доме, ты могла в них так странно улыбаться ей, почти отсутствуя при этом, пока не узнала её достаточно хорошо, — и потом уже без всякого труда ты узнавала её повсюду. Когда я вспоминаю об этом, больше и больше, то всё непостижимое в твоей близости исчезает. Должно бы остаться время, чтобы привыкнуть друг к другу надолго, – теперь я тоже хочу так, как раньше ты сама, поменяться с тобой и на протяжении дней одновременно оставаться другим, хочу в самом начале снова быть взятым у неё тобою, мама. Я начал искать дождь, и её, и однажды, в другой раз, когда я уже возвратился от неё, мне вдруг перестало не хватать моей первой сестры, ребёнка, которого ты желала, моего брата-близнеца. Я ведь и в самом деле был рождён в твоей раздвоенности, на исходе, когда ты была лишь для неё, Ирена; и это проясняет, хотя и так поздно, мои заблуждения о тебе. Ты ушла ещё в том году, а я взял для себя кое-что от того, что ты должна была чувствовать с нами со времени появления её. Ты больше не могла тогда ни у нас, ни где-либо ещё быть снова хоть раз дома. И она тоже.

P.S. UTOPIE UND MARKT LYRISCH

Das erste Mal lese ich eine moralische Forderung Kant's, seine Maxime des Willens: »Handle so, daß sie jederzeit ... als Prinzip einer allgemeinen Gesetzgebung gelten könne«, und ich finde Spaß an der Behauptung: Unsere wirklichen, wirklich unsere Bedürfnisse erlauben einen Markt und den Marktwillen für Wirkliches, wobei hier schon eigentlich nur über den Tausch von (Satz)-Objekt und Subjekt sich richtige Zufriedenheit erst herstellt, dann nämlich, wenn erst ein Markt für Wirkliches und dazu der Wille auf unsere ursprünglichen Bedürfnisse zielen werden und somit erlauben, sie, in Folge, wie auch immer teurer, hier zwar überflüssig scheinender, jedoch, gerade dabei, bis zum Moment des Umschwungs, noch notwendiger werdender, Werbung – ohne die jetzt zumeist zwangsläufige Täuschung –, zu erfüllen.

Ein Handeln jedenfalls, das in solche Art Willen zum Markt mündet, wird zweifellos zweifach diesen beeinflussen müssen. Erstens sollten ohnehin wir, unsere Vorstellungen und Wünsche das Kaufen bestimmen, sind also wir Markt, und wir ändern ihn nur so weit, wie wir selbst, man könnte das heute bereits rücksichtsloser sagen, demnächst uns bereit finden, umzudenken, und es fragt sich, wie weit, uns damit zu ändern, werden wir dann noch in der Lage sein.

Seinerseits wird er ganz sicher uns anders treffen, wenn erst ein, durch ihn nicht mehr behebbar, mangelndes Angebot, die Erfüllung unserer Nachfrage begrenzen muß. Wir werden uns deshalb, kaum mehr ist es zu hoffen, noch bevor ein solcher Zustand erreicht ist, zweitens, obwohl nichts von allem bisher in diesem Sinne dafür geleistete, uns durch Erfolg dementsprechend überzeugen kann, um eine allgemeine Gesetzgebung zu ihm sorgen, uns gegen ihn durchzusetzen, über Normen, innerhalb derer er schließlich wirklich nur vollzieht, was wir auch wollen. Dabei haben wir eigentlich mit der Absicht nichts gekonnt, ihm in dieser Weise etwas wegzunehmen, es sei denn, seinen bislang in weiten Teilen immer noch kostenfreien Rückgriff auf die Natur, denn damit geht momentan alles dahin, statt ihn, uns aufzuheben.

Über das in dieser Aussage negativ beschriebene hinaus, sollten wir deshalb das im »Aufheben« für uns inbegriffene, im Allgemeinen weiter uns oftmals verborgen gehaltene, Zweite, die Konsequenz, die, zum Positiv belichtet, auf jeden Fall lesbar und verständlich wird, annehmen können. Statt ihn, uns aufheben, hieße dann ebenso, uns überdauern lassen, auf einer anderen Stufe »aufzuheben«, wie das bis Hegel noch unverfängliche Wort, für uns seit langem schon angestrebte Anschauung von Welt, widergibt. – So wird es dieses eine Mal möglich werden, Handeln in einen Willen im Kantschen Sinne zu bringen, nur durch eine mit beiden übereinstimmende, in Obereinstimmung gebrachte, Gesetzgebung im Konkreten, hier am Markt, es würde wahrscheinlich, dadurch eine andere Realität für diesen »Kuppler« zu schaffen, der sich nur all zu gern in jede Ausschreibung über unsere Bedürfnisse, mit gar nicht so undurchschaubar, wie auch immer vorgegebenen Regeln, – die sie prägen, verweisen mit Bedacht auf ihn – , schon im Voraus, drängen möchte.

Es sollten daher der Marktwillen für Wikliches und noch zu findende allgemeine Gesetze, in denen er sich frei bewegen kann, marktbestimmend, möglicherweise zu einer Wirklichkeit führen, in der am Ende auch ein Markt, heute in seiner Vorgabe noch immer Endpunkt weltanschaulicher Rechts/Links-Debatten, zukünftigen Generationen die Befriedigung wieder bewußt werdender – dann schmerzlicher als heute – lebensnotwendiger Bedürfnisse, nicht weiter untergräbt.

Ein in diesem Sinne wirklich lebensnotwendiger Markt wird so entstehen und Bestand haben müssen, und damit sollte zugleich das Marktbedürfnis, als das die Welt jetzt vor allem treibendes, längst auch gefürchtetes, Motiv und Prinzip, nicht mehr wie bisher so oft, unsere, jetzt uns noch einmal, unerwartet, um ein vielfaches anfälliger erscheinende, Existenz, in Gefahr bringen.

Ist, bleibt das Utopie, wäre das noch Markt. – Es ist jedenfalls etwas dabei von meinem Gefühl mit ihm, die Beschreibung späterer Abhängigkeit, im plötzlich zweifach gewordenen Leben, seit nichts mehr grenzt zwischen mir und seiner Nähe und alles »Planbare« verschwindet. Das von Beginn an »Hintergründige« im Text, aus der Entfernung dieser Zeilen zum Logischen, zum Wissensanspruch, diesmal noch, leicht zu umschreiben, mehrfach mögliche, ist jetzt ausgesprochen, niemandem drohend, als beständiger

Wunsch, soll es ein zwar nicht austauschbares, aber dennoch vielfältig kopierbares Angebot, nicht ohne annehmbaren, bezahlbaren Wert, auf einem noch außergewöhnlichen Markt bleiben. Vermute keiner daraus den großen, in mir nun nostalgischen, Plan. Das nicht, nicht einmal Entwürfe dazu taugen, für Widersprüchliches, das bleibt, wie alles auch lyrisch, zuletzt, und das Fragen verlischt nicht, muß Lyrik immer ganz utopisch und Markt wie herrenlos und ewig gegen mich sein. Es wär kein fairer Preis.

03.07.95

15 Tage später:
Wir sollen, scheint's, unsere Lebensgrundlage, und sie mag die uns genehme sein, auf den Betrug, das Sich – heimlich gegenseitig – Betrügen stellen, und wir nennen es Markt. Das aber, was uns wirklich menschlich nah ankommt, die Sehnsucht nach der(m) Einen und nach einer(m) Anderen, noch heimlich daneben, was Teil unserer wirklichen Lebensart vielleicht ist, selbstverständlich gern wieder sein würde, müssen wir noch jetzt, als betrügerisch für den Anderen, uns Nächstem, als für den eigentlich unverzeihlichen Betrug, ausgeben.

УТОПИЯ И РЫНОК (ЛИРИЧЕСКОЕ)

В первый раз я читаю категорический императив Канта, его постулат воли: «Поступай так, чтобы максима твоей воли могла бы быть всеобщим законом», и я нахожу удовольствие в этом утверждении: наши действительные, действительно наши потребности и допускают рынок и реальную рыночную волю, причём здесь истинное удовлетворение возникает собственно лишь посредством обмена между объектом (фразой) и субъектом, то есть тогда, когда реальный рынок действительного и соответствующая воля направлены на наши исконные потребности и, следовательно, позволяют существование пусть дорогой и даже кажущейся избыточной, но именно в момент перелома всё ещё так необходимой рекламы – без (ныне по большей части неизбежного) обмана. В любом случае действие, проистекающее из такого рода рыночной воли, будет несомненно влиять на него (рынок) двояко. Во-первых, в любом случае нужно, чтобы мы, наши представления и желания определяли необходимость покупки, стало быть мы и есть рынок, и мы изменяем его лишь постольку, поскольку меняемся сами, или, говоря более жёстко, насколько мы сами готовы пересмотреть себя; и спрашивается, насколько мы будем в состоянии измениться? Рынок же, со своей стороны, наверняка будет воздействовать на нас совсем иначе, если его недостаточное и им уже не регулируемое предложение будет ограничивать удовлетворение наших запросов. Поэтому мы, пока ещё остаётся надежда, пока ещё не дошло до критического положения, можем, во-вторых, (при всём при том, что до сих пор в этом смысле не произошло ещё ничего такого, что приблизило бы нас к успеху) позаботиться о всеобщем законодательстве относительно рынка, чтобы утвердить собственные нормы, стандарты, в рамках которых он действительно будет исполнять лишь то, чего хотим мы. При этом мы, собственно, ничего не достигали намерением отвоевать у него что-либо таким путём, разве что по большей части бесплатного захвата им природы, и в настоящее время всё сводится к тому, что вместо него мы ограничиваем лишь себя.

Помимо негатива, высказанного здесь, нам следовало бы то, что подразумевается под понятием «ограничение» и, в общем, сокрытое от нас, второе дно, перенести в позитив, сделать прочитываемым и понятным. Ограничение себя вместо него значило бы – наше выживание, на иной ступени «ограничение», как оно было до Гегеля ещё невинным словом, а для нас уже давно отражающим желаемое нами миросозерцание. – Таким образом, в этом случае становится возможным перевести действие в волю в кантовском смысле лишь посредством приведённого в соответствие с обоими понятиями законодательства в конкретности, в данном случае на рынке. Тогда станет возможным создать иную реальность для этого «посредника», стремящегося уже наперёд вмешаться в наши потребности – с какими бы то ни было правилами, каковые при необходимости и с умыслом ссылаются на него же.

Поэтому реальная рыночная воля и требуемые для этого всеобщие законы, в рамках которых рынок мог бы продвигаться свободно, могли бы подвести к некоей действительности, в которой и рынок – ныне всё ещё конечная точка мировоззренческих дебатов типа «право – лево» – не стал бы в дальнейшем подрывать жизненно важные потребности, ставшие вновь осознанными для последующих поколений.

Такой в этом смысле действительно жизненно необходимый рынок должен возникнуть и утвердиться, а вместе с ним и потребность в рынке, как мотивация и принцип, которого пока ещё боится мир, боится за своё существование, нынче во много раз больше, чем когда бы то ни было.

Если это есть и останется утопией, то это всё ещё будет рынком. В любом случае есть в этом нечто, в моём ощущении его, – описание поздней зависимости во внезапно удвоенной жизни, с тех пор, как нет больше границ между мною и его приближением, и всё «плановое» исчезает. Присутствующее с самого начала в тексте как «задний план» (при отдалении от этих строк к логическому, к претензии на знание) на этот раз можно с лёгкостью описать, и многократно возможное, никому не угрожающее теперь высказано как постоянное желание; пусть даже останется неизменным, и тем не менее многократно копируемым, предложение не без приемлемой, доступной цены на пока ещё исключительном рынке. Никто и не заподозрит во мне градиозных, ностальгических планов. Ничего этого нет, нет даже более-менее толковых проектов к тому противоречивому, которое осталось бы в конце концов, как всё лирическое; и вопросы не исчезают; посему лирика всегда полностью утопична, а рынок ничейный и будет вечно против меня. И нет справедливой цены.

03.07.95

15 дней спустя:

Кажется, нам следует переориентировать основы нашей жизни, как бы приятны они нам ни были, на обман, на обоюдный тайный самообман, который мы называем рынком. Однако то, что нас действительно касается чисто по-человечески, тоска по одному и по другому, нечто заветное, что, быть может, есть частичка нашего истинного образа жизни, который, желалось бы, продолжался и далее, – всё это нам уже сейчас придётся признать лживым для всего нам близкого, признать собственно непростительным обманом.

Inhalt

124

Andreas Diehl

Geboren im November 1951 in Eilenburg (Sachsen). Verbrachte
bis 1964 die Kindheit in dieser Stadt. Absolvierte Abitur und Leh-
re als Rinderzüchter von 1966 bis 1970 in Leipzig. In den Jahren
1972 bis 1975 zunächst Studium des Völkerrechts in Moskau und
von 1976 bis 1978 der Internationalen Beziehungen in Potsdam.
Frühzeitiger Abbruch einer diplomatischen Laufbahn aus persön-
lichen Motiven. Dafür ab 1978 zunächst drei Jahre in Berlin als
Mitarbeiter der Abteilung für internationale Verbindungen einer
Industriegewerkschaft des FDGB beschäftigt. 1981 Wechsel in
die Abteilung Kultur und Archiv des Nationalrates der Nationalen
Front der DDR und insbesondere im dortigen Archiv bis 1989
tätig. Zugleich absolvierte er von 1986 bis 1989 ein postgradua-
les Studium der Archivwissenschaft an der Humboldt-Universität
Berlin und wurde zum Facharchivar ernannt. Von Oktober 1990
bis zum Ende des Jahres 2014 arbeitete er im Bundesarchiv in
Berlin und ging 2015 in den Ruhestand.

Erste lyrische Schreibversuche gab es in den frühen achtziger Jahren. Spontane Verse in persönlichen Krisen wechselten mit Zeilen aus der Bindung in Alltag und Zeitgeschehen, die DDR in der Periode der sowjetischen Perestroika. Liebeslyrik oft Faden, verwoben in Stoffe aus der 89er Wendezeit in der DDR und aus den ersten Erfahrungen mit der deutschen Einheit.

Inhalte bezogen von Existenz und – Ängsten, von Liebe und der Teilhabe an zwei Gesellschaften. Ständig wiederkehrend der mögliche und gescheiterte Lebensversuch in zwei Nationen, Russland und Deutschland, in seiner Lyrik erinnert er und nimmt vorweg den möglichen realen Verlust.

Erste mehrfache Veröffentlichungen von Gedichten in den Zeitungen „Neues Deutschland" und „Junge Welt" in den Jahren 1989 bis 1994 sowie im Jahr 2011 und Abdrucke in einer Vielzahl von Anthologien. 2002 wurde das Buch „Abschied ins Dritte Land" im Verlag „Schatulle & Safari" herausgegeben und im Jahr 2005 erschien dieses als zweisprachige, deutsch-russische Ausgabe im Verlag am Park.

Kontakt: diehlandreas@gmx.de

Андреас Диль

Родился в ноябре 1951 года в г. Айленбург (Саксония), где прожил до тринадцатилетнего возраста. Окончил среднюю школу. С 1966 по 1970 учился в Лейпциге на животновода. С 1972 по 1975 год изучал в Москве международное право, с 1976 по 1978 год продолжил образование в Потсдаме по специальности «международные отношения». По личным обстоятельствам был вынужден уже в самом начале оставить дипломатическую карьеру, что не помешало быть принятым в 1978 на работу в международный отдел Объединения свободных немецких профсоюзов в Берлине. Спустя три года перешел на работу в Отдел культуры и архивов Национального фронта ГДР, где прослужил до 1989 года, специализируясь на архивной деятельности. В качестве студента-заочника изучал в 1986 – 1989 гг. архивное дело в берлинском Университете им. Гумбольдта, по окончании которого получил диплом и квалификацию архивариуса.

С октября 1990 года по декабрь 2014 работал в Федеральном архиве в Берлине, с 2015 - на пенсии.

Стихи начал писать в начале 80-х годов. Строки, спонтанно рожденные личными кризисами, чередовались стихами, в которых находили отражение повседневная жизнь, мировые события, настроения в ГДР периода советской перестройки. Любовная лирика оказывается часто переплетена с политическими реалиями 89-года, концом ГДР и первыми впечатлениями от новой, объединенной Германии. Основные темы стихотворений этого периода: вопросы бытия, страхи, любовь, ощущение раздвоенности между старым и новым обществом. Часто повторяющийся мотив: предпринятая, но неудавшаяся попытка быть одновременно частью двух народов - русских и немцев, понимание реальных утрат, которые может принести с собой такое состояние.

Стихотворный дебют в печати в 1989 году в газете «Нойес Дойчланд», в последующие годы дальнейшие публикации стихов там же и в газете «Юнге Вельт», а также в нескольких поэтических антологиях.

В 2002 году издательством «Шатулле и Сафари» был

выпущен поэтический сборник «Прощание в третью страну», переизданный в 2005 году издательством «Ферлаг ам Парк» в виде двуязычной книги, состоящей из немецких оригиналов и русских переводов.

Stefan Friedemann
Штефан Фридеман

Angaben zu den Reproduktionen der Werke

Cover: Frühnebel über dem Fluss, 2006
Утренний туман на реке
Am Strand, 2013 - На пляже (Или «На берегу»)
Sophien-Friedhof, Berlin-Mitte, im Winter, 2009 – Кладбище
«Софиен-Фридхоф» в Берлине зимой 2009 года

Stefan Friedemann, Studium der Malerei an der Kunsthochschule
Berlin, Diplom 1988, freiberuflich als Maler, Grafiker, Honorar-
dozent und Lehrer in Berlin tätig
www.stefan-friedemann.de

Штефан Фридеман, изучение живописи в Высшей худо-
жественной школе Берлина, получение диплома в 1988
г, работа в качестве художника, графика, доцента и препо-
давателя в Берлине

Lena Inosemzewa
Лена Иноземцева

Angaben zu den Reproduktionen der Werke

Engel über der Stadt/Ангел над городом
Vorstadt/Пригород
Verloren/Потерянные

Lena Inosemzewa, geboren in Kasachstan, Studium der Kunstpä-
dagogik (Kasachstan), Kunstgeschichte und Slavistik (Universität
Leipzig), lebt und arbeitet als freischaffende Künstlerin malerisch
und literarisch in Leipzig. www.inosemzewa.jimdo.com

Лена Иноземцева, родилась в Казахстане. Окончила худо-
жественно-графический факультет Семипалатинского универ-
ситета (Казахстан), факультеты истории искусств и славистики
(Лейпцигский университет), художник, иллюстратор, лите-
ратор. Живет и работает в Лейпциге.
www.inosemzewa.jimdo.com

Seltenes spüren

Gedichte

Ulrich Grasnick, Elisabeth Hackel, Günter Kunert,
Marko Ferst, Dorothee Arndt, Charlotte Grasnick u.v.a.

Seltenes spüren

Gedichte

Ulrich Grasnick, Elisabeth Hackel, Günter Kunert, Andreas Diehl, Dorothee Arndt, Charlotte Grasnick u.v.a.

268 Seiten, 2014

Erleben Sie den Inkafrühling in Peru. Versunkenen ägyptischen Schätzen wird nachgespürt. Monets Garten lädt ein und dem Duft einer französischen Bäckerei folgt ein Gedicht. Der Berliner Dom spiegelt sich nicht mehr im Palast. Zahlreiche surreale Gedichte enthält der Band, vereinzelt auch gereimte. Ein Besuch bei Heine steht an, versteckt liegt sein Denkmal. Den Szenarien der Krieger geht ein Lyriker auf den Grund, von weidwundem Land berichtet ein Gedicht für die Erde. Letzte Bienenwagen kommen in den Blick, Ausflüge führen ins Känguruland. Die Sonnenpost läßt uns Entfernungen vergessen. Der vorliegende Band ist eine Gedichtsammlung des Köpenicker Lyrikseminars und der Lesebühne der Kulturen Adlershof. Gäste wurden eingeladen. Grafiken von Dorothee Arndt illustrieren den Band. Das Lyrikseminar existiert seit 1975 und publizierte bereits mehrere Anthologien.

Leseproben: www.umweltdebatte.de

Republik der Falschspieler

Marko Ferst

Gedichte, 172 Seiten, 2007, Engelsdorfer Verlag

Wohin driftet die Berliner Republik? Ein bißchen Gelddiktatur schadet doch niemandem? Die Gedichte in diesem Band bürsten unbequem gegen den Strich. Hartz IV und Ein-Euro-Job kommen auf den Prüfstand. Da wird nach sozialer Gerechtigkeit ebenso gefahndet wie nach ökologischer Balance. Sind wir als Zivilisation dem Untergang geweiht? Der Autor setzt sich auseinander mit den Folgen von Tschernobyl für die Menschen und thematisiert: Atomkraft ist unverantwortlich. Er führt uns nach Mittelasien und schreibt sich an die Tragödie um den verschwindenden Aralsee heran.
Wieviel unschuldige Opfer fordert der angebliche Kampf gegen den Terror? Was konnte die orange Revolution in der Ukraine leisten oder wieviel blaue Adern durchziehen sie? Unternommen wird ein Ausflug an die Wolga und nach Kasan. Einen umfangreichen Abschnitt mit Liebesgedichten findet man vor, überdies zahlreiche Landschaftsgedichte. Außerdem: was kann dem streßgeplagten Weihnachtsmann alles passieren? Eine Nachtwanderung führt in spukumwundenes Ferienland.

Bestellung: marko@ferst.de

Die Ostroute

Erzählungen

Andreas Erdmann, Marko Ferst, Monika Jarju u.v.a.

256 Seiten, 2014

Der Band beginnt und endet mit einer Erzählung über Wölfe. In der einen werden sie gnadenlos verfolgt, in der anderen sorgt ein Rudel weißer Tundrawölfe für arktische Jagdszenen. Andernorts kommt eine Ostroute ins Spiel. Wir erfahren mehr über das Schicksal eines jungen Rauschgiftkuriers im Iran, wie über seinen Lebensweg der Stoff der Stoffe richtet. Ein Ostseesturm sorgt für eine risikoreiche Segeltour. Von allerlei sonderbaren Abwegen weiß die Erzählung „Genervtes Anstehen für Liebe" aus Bulgarien zu berichten. Zur Sprache kommen die Erfahrungen von Heimkindern in der frühen Bundesrepublik. Grenzübertritte zwischen Ost und West und deren Folgen sind im Blick zweier anderer Beiträge. Wie man ganz legal schwarzfährt, erläutert Johannes Bettisch. Was passiert, wenn man ganz unerwartet von seinem chinesischen Firmenpartner zum Tanz aufgefordert wird?

Bestellung: marko@ferst.de
Leseproben: www.umweltdebatte.de